KB000460

액체도 모양이 있을까?

QU'EST-CE QU'UNE GOUTTE D'EAU?
by David Quéré

Copyright © Le Pommier 2003
All rights reserved.

Korean Translation Copyright © Minumin 2006, 2021

Korean translation edition is published by arrangement with
Humensis through The Agency.

이 책의 한국어판 저작권은 The Agency를 통해 Humensis와
독점 계약한 ㈜민음인에 있습니다.
저작권법에 의해 한국 내에서 보호를 받는 저작물이므로 무단 전재와 무단 복제를 금합니다.

민음 바칼로레아 047

액체도
모양이 있을까?

다비드 케레 ㅣ 곽영직 감수 ㅣ 이수지 옮김

민음in

● 일러두기

1 본문 가장자리에 있는 사과 ● 는 이 책을 통해 반드시 이해해야 하는
  핵심 개념을 표시한 것입니다.
2 본문 아래쪽의 주는 독자들이 본문 내용을 쉽게 이해할 수 있도록 한국어판에 특별히 붙인 것입니다.
3 인명 및 지명 표기는 한글 맞춤법 통일안 및 외래어 표기 규정을 따랐습니다.
4 본문에 사용한 부호 및 기호의 뜻은 다음과 같습니다.
   ― 전집, 단행본: 『 』
   ― 신문, 잡지: 〈 〉
   ― 개별 작품, 논문, 기사: 「 」
5 본문에 실린 자료 그림은 전자 현미경으로 찍은 액체 방울의 실제 모습에 채색을 가미한 것입니다.

차례

질문 : 액체도 모양이 있을까?

흔히 액체는 흐르는 성질 때문에 고유한 모양이 없다고 생각한다. 액체는 어떤 용기에 담느냐에 따라 그 모양이 결정되는 것처럼 보인다. 그러나 액체를 아주 작은 방울 상태에서 관찰해 보면 뜻밖에도 일정한 모양이 있다는 사실을 알 수 있다.

이때 각각의 액체 방울들이 이루는 특정한 형태는, 미시적˙인 차원의 힘이 표현된 것이라 할 수 있다. 방울 하나하나가 작은 세계이며 동시에 그 세계를 이루는 힘의 본거지인 것이다.

● ● ●

미시적 사람의 감각으로 직접 식별할 수 없을 만큼 아주 작은 현상에 관한 것. '거시적'과 대립되는 개념이다.

이 힘은 액체의 표면에 작용하며, 액체 방울의 크기가 작을 때만 나타난다. 방울이 커지면 액체는 자기의 중량을 못 이겨 흐르게 되고, 용기의 형태에 따라 모양이 달라지는 평상시 성질을 되찾는다.

액체 방울이 어떻게 특정한 형태를 이루고 움직이는지 그 원리를 이해하면 액체를 인위적으로 통제할 수 있고, 일상에서 매우 유용하게 이용할 수도 있다. 자동차 앞 유리나 안경알에 잔뜩 서린 김과 실랑이를 벌여 본 경험이 있다면 아마 이 말에 귀가 솔깃할 것이다.

쉬운 예로, 물방울이 유리 표면 위로 미끄러지는 속성을 이용해서 먼지들이 함께 쓸려 가도록 할 수 있다. 그 밖에도 우리 주변의 많은 제품에 실제로 적용되는 액체 방울의 원리는 다양하다. 잉크젯 프린터*처럼 미세한 잉크 방울들이 종이 위에 가능한 한 작고 또렷한 자국을 내도록 해야 할 때가 있는가 하면, 반대로 시멘트 포장지나 비옷 등과 같이 빗물에 전혀 젖지 않도록 해야 할 때도 있다.

●●●

잉크젯 프린터 가느다란 노즐에서 잉크 방울을 분사시켜 종이 위에 영상을 그려 내는 비충격 인쇄 방식을 따르는 인쇄기. 소음이 거의 없고 색깔을 효율적으로 만들어 낼 수 있어 많이 사용된다.

소량의 액체를 통제하는 문제는 특히 제약 부문에서 깊이 있게 연구하고 있다. 만약 의미 있는 연구 성과를 얻게 된다면, 더 이상 사람의 손으로 일일이 시험관을 다루지 않아도 될 것이다. 액체 방울 하나하나를 직접적인 분석 단위로 삼아 지금보다 훨씬 더 작은 틀 내에서 실험하는 것이 가능해질 것이다. 그러려면 무엇보다 액체 방울이 가지는 미시적 차원의 특성을 제대로 이해하는 것이 필수적이다.

　액체 방울은 작은 존재지만 방대한 연구가 필요한 주제이므로 이 책에서 모든 내용을 다루는 것은 불가능하다. 본문에서는 하늘에서 떨어지는 빗방울처럼 친숙한 액체를 예로 들어 액체의 모양 및 성질에 관한 다양한 의문들을 하나하나 풀어 나갈 것이다.

　빗방울의 모양은 그림책에 흔히 나오는 것처럼 정말 끝이 뾰족할까? 빗방울의 모양을 통해서 우리는 무엇을 알 수 있을까? 땅에 떨어지고 나면 물방울의 모양은 어떻게 변할까? 물방울은 왜 사물의 표면에 달라붙을까? 어떻게 하면 액체 방울이 달라붙는 현상을 막을 수 있을까? 액체의 성질을 바꿀 수 있을까?

　누구나 한 번쯤 해 보았을 만한 이런 의문들을 품고서 이 투명하고 귀여운 존재를 유심히 관찰해 보자. 현대 물리학이 조

금씩 밝혀내고 있는 이 친구의 여러 가지 비밀들을 알게 될 것
이다.

1

빗방울은
어떻게 생겼을까?

무엇이 빗방울의 모양을 결정할까?

메뚜기들은 아프리카 대륙을 횡단할 때 두루뭉술하게 퍼진 회색 구름 모양으로 떼 지어 날아다닌다. 그러나 고도가 높은 산악 지대를 통과할 때는, 중심을 향해 오므라들어 까맣고 둥그런 원형으로 무리의 형태를 바꾼다. 추위로부터 자신들을 보호하기 위해 서로 바짝 다가들어 가장자리에 있는 개체 수를 최소화하는 것이다.

이 같은 현상은 가스 속에 있는 원자 또는 분자 집단에서도 일어난다. 가스 속에 있는 원자 또는 분자들은 온도가 내려가면 액화˚ 현상이 일어나서 액체가 된다. 메뚜기 떼처럼 집단의 가장자리에 위치한 개체 수를 최소화하기 위해 구형이 되는 것이다. 이렇게 분자들이 밀집하여 구형을 이루지 않고 다른 형태를 취할 경우에는 표면적이 커지기 때문에 표면을 통한 에너지 손실이 커지게 된다.

액체 방울에는 둥근 형태가 일그러지는 것에 저항하는 힘이 존재한다. 그 힘이 바로 **표면 장력**[*]이다. 액체 방울은 일종의 용수철 같은 성질을 가진다. 방울을 조금 뒤로 민다든가 형태를 바꾸려고 힘을 가하면 즉시 원래 상태로 되돌아간다. 액체의 응집 정도가 클수록 분자들끼리 더욱더 밀집하기 때문에 이 힘은 더 커진다.[*]

예를 들어 수은이나 용광로에 녹은 철 같은 액체 금속[*]의 표면 장력은 물의 표면 장력보다 크고, 물의 표면 장력은 기름의 표면 장력보다 크다. 이렇게 표면 장력은 액체를 이루는 분자들 사이에 작용하는 **응집력** 때문에 생긴다.

한편 표면 장력은 상태가 다른 두 물질 사이에서 나타나기도 한다. 가령 액체 속에 있는 기포는 액체 방울처럼 동그란 공

● ● ●

액화 기체가 냉각·압축되어 액체로 변하거나 고체가 녹아 액체로 변하는 현상.
표면 장력 액체의 표면이 스스로 수축하여 가능한 한 작은 면적을 취하려는 힘. 액체의 표면을 이루는 분자층에 의해 생긴다.
액체 금속 녹는점 이상의 금속은 모두 액체 상태이므로 이를 액체 금속이라 부른다. 좁은 뜻으로는 사용 온도에서 액체 상태인 금속을 가리킨다.

모양을 유지하는 경향이 있다.

빗방울은 얼마나 커질 수 있을까?

빗방울은 아주 신기한 한 가지 특성을 가진다. 바로 반지름의 길이가 절대로 3밀리미터를 넘지 않는다는 것이다. 빗방울의 크기가 한없이 작아질 수는 있다. 이슬비, 가랑비, 더 나아가 안개 등은 마이크로미터˚보다 작은 물방울 입자들로 이루어져 있다. 또 우박처럼 액체가 아닌 고체일 경우에는, 빗방울의 열배가 넘는 큰 덩어리가 될 수도 있다.(무게로 따지면 1000배나 된다.) 그런데 왜 빗방울은 일정한 크기를 넘어설 수 없는 걸까?

빗방울이 떨어지는 속도는 빗방울의 무게와 공기 마찰에 의해 결정된다. 빗방울이 클수록 떨어지는 속도가 빠르며, 상대적으로 큰 밀리미터 단위의 빗방울은 떨어지는 속도가 초당 몇

● ● ●

마이크로미터 1마이크로미터는 1미터의 백만 분의 일이다.

미터에 이른다.

이때 작용하는 공기 마찰은 표면 장력과는 반대되는 힘이라 할 수 있다. 표면 장력은 표면에 분포하는 분자들의 수를 최소로 하려고 하는 반면, 공기 마찰은 빗방울의 표면적을 넓히려 하기 때문이다. 앞에서 살펴보았듯 이 힘의 균형 관계에 따라 빗방울의 모양이 변할 수도 있다.

표면 장력이 공기 마찰보다 클 경우, 빗방울은 거의 구형에 가까운 모양을 유지한다. 이때 빗방울의 크기가 커지면 표면 장력은 줄어들고 공기 마찰은 커지게 된다. 빗방울이 구형을 띠려면, 즉 공기 마찰이 표면 장력을 넘어서지 않으려면 빗방울의 최대 반지름이 일정한 값을 넘지 않아야 되는데, 물의 경우에는 그 길이가 약 3밀리미터인 것이다. 최대 반지름이 이보다 짧은 물방울은 다음 페이지 상단의 왼쪽 그림처럼 거의 완벽한 구형을 이루게 된다.

반면 반지름이 3밀리미터보다 큰 물방울은 낙하하면서 공기 마찰의 영향을 받아 오른쪽 그림처럼 전혀 예상치 못한 형태로 변한다. 이때 물방울은 아래쪽부터 공기의 압력을 받게 되고, 공기가 물방울 속으로 뚫고 들어가 기포를 형성하듯 물방울을 부풀려 놓는다. 그러면 아래쪽의 얇은 막이 터지면서 아주 작은 물방울들이 생겨나고, 물 풍선처럼 탱탱하게 부풀어 오른

좌 : 반지름이 3밀리미터보다 작은 물방울이 낙하하는 모습.
우 : 반지름이 3밀리미터보다 큰 물방울이 낙하하는 모습.

원래의 물방울도 이내 여러 조각으로 해체된다.

　이런 원리에 의해 굵은 빗방울, 또는 작지만 난폭한 기류를 만난 빗방울은 반지름 3밀리미터 정도의 작은 물방울들로 조각나서 흩어진다. 반면 우박의 운명은 이와 전혀 다르다. 우박은 단단하기 때문에 형태가 거의 변하지 않고 공기 마찰에도 끄떡없다. 그래서 우박들은 반지름이 3밀리미터보다 더 굵어질 수 있는 것이다.

빗방울의 윗부분은 정말 뾰족할까?

액체 방울들은 언제나 완벽한 구형을 유지할까? 아이들이 읽는 그림책을 보면 하늘에서 떨어지는 빗방울들은 하나같이 아랫부분이 통통하고 위쪽은 뾰족한 눈물 모양을 하고 있다. 이런 모양은 표면 장력의 원리에 의하면 결코 나올 수 없는 것이지만, 운동이라는 요소가 첨가되면 액체 방울의 모양도 달라질 수 있다. 공기에 의한 마찰이 작용하기 때문이다.

빗방울의 경우에도 낙하하는 과정에서 마찰이 일어나고, 특히 공기가 빗방울의 아랫부분을 누르기 때문에 모양이 약간 변한다. 따라서 눈물 모양이 되는 건 아니더라도, 형태에 일정한 변화가 생기는 것은 사실이다. 떨어지는 빗방울의 모양을 관찰하는 것은 쉽지 않으므로 탄산음료 속에서 위로 떠오르는 기포를 살펴보자. 기포의 윗부분이 평평해지는 것을 볼 수 있을 것이다. 이런 현상은 기포가 클수록 더 두드러져 보인다.

그런데 왜 우리는 빗방울의 윗부분을 뾰족하게 그리는 걸까? 하늘에서 떨어지는 빗방울을 낚아채어 그 모습을 포착하기란 쉬운 일이 아니다. 때문에 수도꼭지에서 물방울이 방울방울 떨어지는 것을 보고 빗방울도 그런 모양일 거라고 추측하게 되었을 것이다.

수도꼭지를 살짝 열어 놓으면, 수도꼭지 끝에 맺힌 물방울은 자기 무게로 인해 아랫부분이 점점 커진다. 그렇지만 표면적의 증가에 반비례하는 표면 장력 때문에 곧장 밑으로 떨어지지는 않는다. 물방울은 계속 커지다가 일정한 크기를 넘어서면 마침내 수도꼭지로부터 떨어진다.

천장에 맺힌 물방울들 역시 그 크기가 점점 커지면 언젠가는 떨어진다. 하지만 작은 크기를 유지하는 경우에는 천장면에 계속 매달려 있는 것을 볼 수 있다. 천장에서 분리되어 표면에 변형이 생기지 않도록 표면 장력이 계속 방해를 하기 때문이다. 이런 경우를 불안정한 상태라고 한다. 이때 천장을 흔들거나 가느다란 나뭇가지로 건드리는 등 약간의 자극을 주면 물방울은 안정된 상태로 돌아가는데, 그것이 바로 낙하이다.

그럼 물방울이 떨어지는 순간, 그 모양은 어떻게 될까? 수도꼭지에 매달린 물방울은, 수도꼭지에서 분리되는 순간 끝부분이 뾰족해진다. 그런데 자세히 살펴보면, 그 뾰족한 부분은 우리가 예상하는 곳에 생기지 않는다. 물방울 몸체가 아니라 다음 페이지의 그림처럼 방울을 붙잡고 있던 수도꼭지 부분의 물줄기 끝이 순간적으로 뾰족해지는 것이다.

이 현상은 1990년대에 시카고 대학의 시드니 네이겔[*] 교수 연구 팀이 발견했다. 그전까지는 뾰족한 부분이 당연히 물방울

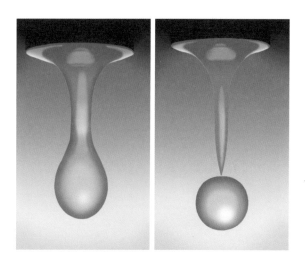

물방울이 수도꼭지에서 분리되는 순간을 연속으로 묘사한 그림.

의 표면에 생기리라 생각했기에, 예상에서 벗어난 이 실험 결과는 이후 활발한 연구 주제가 되었다.

물방울을 붙잡고 있던 물줄기는 대부분의 경우 제2의 작은 방울을 만들어 낸다. 이런 원리는 일상에도 충분히 응용해 볼 수 있다. 일례로 잉크젯 프린터에서 제2, 제3의 잉크 방울이 분

●　●　●

시드니 네이겔 시카고 대학의 물리학과 교수로서 고체, 액체, 과립 물질 분야의 권위자이다.

사되는 것을 막으면 해상도를 더 높일 수 있을 것이다.

물방울은 수도꼭지에서 분리된 직후 표면 장력에 의해 구형을 취하고, 팽팽한 용수철처럼 위아래로 흔들린다. 이때 물방울이 흔들리는 진동 주기˚는 물방울의 질량에 반비례하고 표면 장력에 비례한다. 즉 물방울이 굵을수록 진동은 느려지고 표면 장력이 클수록, 다시 말해 액체의 응집력이 높을수록 진동은 빨라지는 것이다.(물방울의 진동 주기는 1879년 영국의 물리학자 레일리˚ 경이 처음으로 계산했다.) 이런 원리에 따르면, 물방울이 흔들리는 것을 관찰하여 표면 장력의 값도 유추해 낼수 있다.

지름이 1밀리미터인 물방울은 진동 주기가 밀리초˚대이며, 용수철과 마찬가지로 시간이 지날수록 물방울의 진동 주기는 점점 길어진다. 진동 주기는 또한 액체의 점성이 클수록 길어진다. 예를 들어 물과 꿀은 비슷한 표면 장력을 가지는데도 점

● ● ●

진동 주기 진동이 완전히 한 번 이루어지는 데 걸리는 시간.
존 레일리(1842~1919) 영국의 물리학자. 음향학과 광학 분야에서 유체를 통한 파동의 전파 이론에 기초가 되는 발견을 하였다. 대기 중의 비활성 기체인 아르곤을 성공적으로 분리해 낸 공로로 1904년 노벨 물리학상을 수상했다.
밀리초 1밀리초는 1000분의 1초이다.

빗방울은 상황에 따라 다양한 모양을 취한다. 하늘에서 떨어질 때와 유리창에 맺힐 때,
또르르 굴러갈 때의 빗방울 모양은 제각각 다르다.

성도가 다르기 때문에 진동 주기도 차이가 난다.

빗방울의 속도는 얼마나 될까?

공기 속에서 운동하는 물체는 공기의 저항력을 받는다. 앞에서도 설명했듯 이때 물체에 작용하는 저항력은 물체의 속도에 따라 달라진다. 그러나 공기 저항력이 물체의 속도에 비례하는지, 아니면 속도의 제곱에 비례하는지, 그것도 아니면 속도의 복잡한 함수로 나타나는지 정확히 결론을 내리기는 힘들다. 저항력은 물체의 속도뿐 아니라 물체의 크기, 그리고 물체의 모양에도 영향을 받기 때문이다.

야구공 같은 물체는 공기 속을 달려가는 동안 모양이 거의 변하지 않는다. 속도가 커지면 압력에 의해 모양이 조금은 변형되겠지만 그것은 무시할 수 있을 정도다. 그러나 빗방울은 속도가 증가함에 따라 저항력이 증가하면서 모양이 상당히 변한다.

따라서 낙하하는 빗방울의 속도를 계산하는 것은 쉬운 문제가 아니다. 빗방울에 작용하는 힘은 중력과 공기의 저항력 그리고 물의 표면 장력이다. 빗방울이 떨어지는 동안 중력은 항

상 일정하게 작용하지만 표면 장력과 저항력은 빗방울의 속도와 모양의 변화에 따라 달라진다. 이런 요소들을 모두 고려해서 빗방울의 속도를 계산하려면 아마도 은행이나 연구소에서 사용하는 슈퍼컴퓨터를 이용해야 할 것이다.

여기서는 계산을 쉽게 하기 위해서 몇 가지 간단한 가정을 해 보자. 우선 빗방울이 떨어지는 동안 구형을 유지한다고 가정하자. 그렇게 되면 빗방울의 모양을 변화시키는 데 관여했던 표면 장력을 더 이상 고려할 필요가 없다.

이제 남은 것은 중력과 저항력이다. 공기 속에서 운동하는 구형 물체에 작용하는 저항력은 대개 속도에 비례하거나 속도의 제곱에 비례하는 것으로 알려져 있다. 지름이 작고 속도가 느린 경우에는 저항력이 속도에 비례하며, 지름이 크고 속도가 빠른 경우에는 속도의 제곱에 비례한다고 가정하면 실제 저항력에 가까운 값을 얻을 수 있다. 그러므로 빗방울의 경우에는 속도에 비례하는 것으로 계산하면 된다.

빗방울의 속도가 커지면 저항력도 커진다. 그러나 그동안에도 중력은 일정한 값을 유지한다. 따라서 속도가 증가하다 보면 빗방울에 작용하는 저항력과 중력의 값이 같아지는 순간이 오게 된다. 그런 순간에 이르면 빗방울의 속도는 더 이상 빨라지지 않고 일정한 속도로 떨어지게 된다. 이 속도를 종속도*라고 하는데 종속도는 다음과 같이 쉽게 구할 수 있다.(아래의 식에서 C는 저항력을 나타내는 비례상수, V는 속도, t는 시간, m은 물체의 질량, g는 중력 가속도를 뜻한다.)

저항력 = 중력이므로 $CVt = mg$, 즉 $Vt = \frac{mg}{C}$ 이다.

여기에서 C의 값은 $1.55 \times 10^{-8} \mathrm{N \cdot s/m}$정도라는 것이 실험적으로 밝혀졌다. 따라서 지름이 약 0.1밀리미터인 빗방울의 종속도는 초속 0.33미터 정도이다. 다시 말해 빗방울은 초속 0.33미터라는 일정한 속도로 떨어지는 것이다. 빗방울이 구름에서 떨어지기 시작하여 이 속도에 이르는 데 걸리는 시간은 약 0.1초 정도이다. 빗방울은 아주 짧은 시간 동안 가속도 운동을 한 뒤 등속도 운동을 시작하는 것이다.

이것은 지구에 사는 우리들에게는 매우 다행한 일이다. 빗방울의 속도가 중력에 의해 계속 빨라져서 지상에 도달할 때쯤 초속 수십 미터의 속력을 갖게 된다면, 비에 맞아 크게 다치는

● ● ●

중속도 운동의 종점에서의 물체 속도. 또는 가속도 운동을 하고 있던 물체나 유체가 주위의 저항으로 가속이 줄고 등속도 운동으로 전환할 때의 속도.

일이 벌어질지도 모르기 때문이다. 만약 그렇게 된다면 사람들은 빗방울을 맞지 않도록 중무장을 하고 다녀야 할 것이다. 지구를 둘러싸고 있는 공기는 태양으로부터 오는 자외선뿐만 아니라 빗방울로부터도 우리를 보호해 주고 있는 셈이다.

● 표면 장력 계산법

앞에서 여러 차례 언급되었던 표면 장력을 실제로 계산해 보자. 액체의 표면 장력을 T라고 하면 반지름의 길이가 R인 구형의 액체 방울에 작용하는 표면 장력은 $4\pi RT$이다. 이 방울의 무게는 $\frac{4}{3} \times \pi R^3 pg$로, 여기에서 p는 현재 온도에서의 액체 밀도이고 g는 중량 가속도이다. 액체 방울의 표면 장력 $4\pi RT$와 무게 $\frac{4}{3}\pi R^3 pg$를 등식으로 놓고 계산해 보면, 액체 방울의 반지름이 $\sqrt{\frac{3T}{pg}}$ 보다 작을 때 표면 장력은 액체 방울의 무게보다 크다는 것을 알 수 있다. 액체 방울의 반지름이 이보다 크면 무게가 표면 장력보다 커져서 액체 방울은 떨어지게 된다. 물방울의 경우 이 지름은 대략 2.5밀리미터이고 기름방울의 경우에는 1.5밀리미터가량이다.

모세관 현상이란 액체의 응집력보다 액체와 관 사이의 부착력이 더 클 때 액체가 관을 따라 올라가는 현상을 말하는데 이런 모세관 현상이나 액체 방울이 구형을 이루는 것, 액체가 경사면에 달라붙는 현상 등은 모두 액체의 표면 장력과 관계가 있다.

2

액체와 고체가
만나면 어떻게 될까?

액체가 땅에 떨어지면 어떻게 될까?

액체 방울은 낙하를 시작한 직후부터 많은 변화를 겪게 된다. 먼저 액체 방울은 떨어진 후 반드시 바닥과 부딪치게 되고 결국 낙하를 멈춘다. 액체 방울이 바닥에 닿으면서 받는 충격은 매우 복잡해서 오늘날에도 자세히 설명할 수는 없다. 특히 충격으로 인해 작은 액체 방울들이 사방으로 튀는 것은 상당히 미묘한 현상이다.

그러나 확실한 사실 한 가지는, 액체 방울이 떨어지면 대부분 단단하고 매끈한 표면에 멈춰 선다는 것이다. 이를 통해서 우리는 **부착력**˚이라고 불리는 힘을 살펴볼 수 있다. 지금까지 설명했던 현상과 차이가 있다면 여기에는 개입된 요소가 두 개가 아닌 세 개, 즉 액체와 그 액체를 둘러싼 공기, 그리고 액체를 지지하는 고체라는 점이다. 부착력은 세 개의 경계면(액체와 기체, 고체와 기체, 고체와 액체) 사이에 존재하므로, 표면 장력도 세 개가 된다.

바닥에 멈춰선 액체 방울은 반지름이 특정 길이 이하인 경우 반구형의 모습을 띠게 된다. 반지름이 더 클 때는 중량에 의해 찌부러져서 넓게 퍼진다. 이를 통해, 표면 장력이 중량을 견딜 수 있으려면 액체 방울의 크기가 작아야 한다는 사실을 다시 한 번 확인할 수 있다.

다음 페이지의 그림은 사파이어 위에 떨어진 액체 구리 방울을 묘사한 것이다. 액체 방울은 고체와 맞닿으면서 부착력을 얻고 일정한 각을 유지하게 되기 때문에 반구형의 형태를 띤다. 이 각을 **접촉각***이라고 하며, 이를 통해 고체의 친수성*과 소수성* 정도를 확인할 수 있다. 이 구리 방울은 접촉각이 거

●　●　●

부착력　종류가 다른 물질의 분자들이 서로 들러붙는 힘을 말한다.
접촉각　액체가 고체에 접촉해 있을 때, 액체의 표면이 고체 평면과 이루는 각도를 말한다. 액체 분자 사이의 응집력과 액체 및 고체 사이의 부착력에 의해 결정된다. 수은과 유리 사이의 접촉각은 140도이고, 물과 유리 사이의 접촉각은 8~9도이다.
친수성　물과 친화력이 있는 성질을 뜻한다.
소수성　물과 친화력이 적은 성질을 뜻한다. 소수성 물질은 물에 녹더라도 쉽게 가라앉는다.

사파이어 위에 떨어진 구리 방울의 모습.

의 90도에 가까운 것을 볼 수 있다. 물방울의 경우에는 방수 처리된 직물 위보다는 금속 표면 위에서, 테플론[●]보다는 플라스틱 위에서 접촉각이 더 작아져 방울이 좀 더 옆으로 퍼진다.

접촉각은 아예 사라져 버릴 수도 있다. 액체가 고체 위에서 완전히 퍼져 버리는 경우이다. 유리 위에 떨어진 기름방울이 그런 경우라 할 수 있다. 또한 액체는 그 형성 막이 분자 두께만큼 극도로 얇아질 수도 있다. 벤저민 프랭클린[●]은 런던의 작

● ● ●

테플론 플라스틱 계통의 합성수지. 산과 고온에 강하기 때문에 염소나 산을 취급하는 장치 및 전기 절연 테이프, 텔레비전이나 레이더의 특수 부속품 등에 쓰인다.

은 연못에 올리브기름 한 숟가락을 떨어뜨려 이를 증명해 보였다. 프랭클린이 기름을 떨어뜨리자 얇은 기름막이 빠른 속도로 연못 전체를 뒤덮었다. 그로부터 120년 뒤 레일리 경이 기름 한 숟가락의 부피를 연못 면적으로 나눔으로써 처음으로 분자 크기의 측정을 시도했다. 그 값은 대략 2나노미터 였다.

이처럼 액체가 전체적으로 얇게 퍼지도록 만들기는 쉽지 않다. 액체가 아주 넓은 표면을 뒤덮는다는 것은 표면 장력에 위배되는 현상이기 때문이다. 그러나 간단한 장치를 사용하면 그런 상황을 도출해 낼 수 있다.

먼저 유리 조각에 입김을 불어 보자. 상온에서 사람의 입김이 섭씨 37도 정도이고 유리는 섭씨 20도 정도이므로, 입김이 유리에 닿으면 응결되어 김이 서리게 된다. 수많은 미세 액체 방울들이 유리를 뿌옇게 만드는 것이다. 다음에는 유리 표면 위를 감자 조각으로 미리 문질러 놓아 보자. 그리고 다시 입김을 불면 유리에는 아무것도 맺히지 않는다. 감자가 물을 흡수

● ● ●

벤저민 프랭클린(1706~1790) 미국의 과학자이자 정치가. 1970년대에 정치계에 발을 디딘 후 30년간 큰 족적을 남겼다. 난로나 피뢰침, 복초점 안경을 발명하여 과학자로서 이름을 알리기도 했다.
나노미터 1나노미터는 1미터의 10억 분의 1을 말한다.

하는 성분을 지니기 때문에 유리 위의 액체 분자들은 투명한 막을 형성하며 표면에 넓게 번지는 것이다.

이런 원리를 실생활에 적용하면 어떨까? 온실의 유리 표면이나 자동차 앞 유리 등에 위와 비슷한 처리를 하면 아침 이슬이 맺히거나 소나기가 내린 뒤에도 깨끗한 상태를 유지할 수 있지 않을까? 그러나 실제는 그렇게 간단하지가 않다. 수분뿐만 아니라 공기 중의 기름기 있는 오염 물질과 고체 가루들 또한 유리 표면에 넓게 퍼지며 들러붙게 된다.

때문에 액체가 고체 표면 위에 얇게 퍼지도록 만드는 것은 일시적일 수밖에 없다. 앞의 유리 실험에서도 한계를 확인할 수 있다. 유리가 완전히 새것이거나 아무리 정성껏 닦은 것일지라도, 표면에 퍼진 수분 막은 몇 분 후면 방울방울 맺히는 작은 물방울로 바뀌게 된다. 몇 분이라는 시간 동안 유리는 오염이 되기 때문이다.

액체가 고체에 달라붙지 않게 만들 수 있을까?

위에서 살펴본 것과는 반대로, 액체 방울이 고체와 부딪친 뒤 완전한 구형의 형태를 보존할 수는 없을지 한번 생각해 보자.

이에 대해서는 일단 '가능하다.'라고 긍정적으로 대답할 수 있다. **회전 타원체 상태**, 또는 **온열 상태**라고 하는 것이 바로 그 대표적인 예이다. 액체의 끓는점을 훨씬 넘어서는 고온의 고체 위에 액체 방울을 놓으면, 액체는 고체를 적실 수가 없다. 실제로 아주 뜨겁게 달구어진 전기 열판이나 액체 질소 위에 떨어진 물방울은 접촉 없이 데굴데굴 굴러간다.

1750년경 이 현상을 처음 발견한 독일의 의사 라이덴프로스트*는, 고체와 액체 사이에 수증기 막이 형성되어 물방울을 지탱하기 때문에 이런 현상이 나타난다고 설명했다. 이 수증기 막으로 인해 액체 방울은 놀랍게도 어떤 접촉면과도 닿지 않게 된다. 일반적으로는 물방울이 맺히려면 고체와 액체 사이에 접촉이 있어야만 한다. 차가운 맥주잔의 물방울은 언제나 유리 표면에서부터 생겨나는 것을 생각하면 쉽게 이해가 될 것이다.

수증기 막은 또 한 가지 신기한 결과를 불러온다. 수증기 막의 절연 기능 때문에 액체 방울의 수명이 비정상적으로 길어지는 것이다. 인도의 고행자들이 뜬숯* 위를 걸을 수 있는 것은

• • •

요한 라이덴프로스트(1715~1794) 독일의 의사이자 신학자. 그의 이름을 따라 온열 현상을 라이덴프로스트 현상이라고도 부른다.

이런 원리 때문이라는 의견도 있다. 발에다가 미리 수분을 발라 놓으면, 숯과 접촉했을 때 이것이 증발하여 일시적으로 열기를 차단해 준다는 것이다. 그러나 라이덴프로스트 현상은 조금 특별하다. 온열 상태가 일시적로만 지속되고 액체 방울이 곧 증발해 버리기 때문이다.

그럼 상온에서는 어떨까? 이번에도 고체가 물에 젖지 않는 특성을 가질 수 있을까? 답은 '가능하다.' 이다. 나비의 날개나 오리의 깃털, 은행나무 잎, 달개비나 연꽃 같은 식물의 잎 등은 독특한 짜임을 갖추어 왁스를 덧바른 것처럼 방수가 된다.(나비의 날개가 아름다운 광채를 내는 것은 이런 짜임 덕분이다.) 이를 초소수성˚을 띤다고 하는데, 이런 조직 위에는 물이 떨어져도 접촉이 거의 일어나지 않는다. 물과 전혀 친화력 없을 뿐더러 표면이 울퉁불퉁해서, 물이 고루 퍼지지 못하고 공중에 거의 뜬 상태가 되는 것이다. 이때의 물방울은 다음 페이지의 그림처럼 거의 구형의 형태를 취한다. 이 그림에서는 큰 호박 모양의 물방울이 고체를 반사하여 광채를 내고 있다.

• • • •

뜬숯 장작을 때고 난 뒤에 꺼서 만든 숯. 또는 피었던 참숯을 다시 꺼 놓은 숯.
초소수성 물에 매우 강하게 반발하는 특성.

초소수성을 띠는 고체 위에 떨어진 밀리미터 크기의 물방울.

현대에는 물방울이 거의 달라붙지 않는 소재를 만드는 데 어느 정도 성공했다. 이런 소재는 자동 세척력을 지녀서, 빗방울이 떨어져도 스며드는 것이 아니라 물줄기처럼 흘러내리며 표면의 먼지를 함께 쓸어 간다. 식물 중에서는 연꽃이 이와 같은 특성을 가진다. 연꽃은 먼지투성이 환경 속에서도 순결함을 잃지 않아 인도에서 성스러운 꽃으로 여겨진다.

물의 점착력*을 감소시키는 이런 방수 소재는 특히 미세 유

● ● ●

점착력 끈끈하게 달라붙는 힘을 말한다.

물의 점착력을 감소시키는 방수 소재를 사용하면
물방울은 달라붙거나 스며들지 않고 데굴데굴 구른다.

체 공학* 장비를 만드는 데 적극적으로 활용할 수 있다. 이런 소재를 이용하면 소량의 액체를 빠르게 이동시켜서 의료 분석이나 화학 반응을 유도하는 작업을 좀 더 효과적으로 할 수 있다.

액체 방울은 고체 표면 위에서 어떻게 움직일까?

이제 처음으로 돌아가서 온도가 높지도, 초소수성을 띠지도 않는 평범한 고체 위에 떨어진 액체 방울에 대해 생각해 보자. 이런 경우 액체 방울은 흔히 표면에 점착되는 것을 볼 수 있다. 이것은 표면이 기울어져 있더라도 마찬가지이다. 수직으로 서 있는 창문에 빗방울이 맺혀 있는 모습을 상상해 보라. 표면이 완벽하게 매끄럽지 못하기 때문에 미세한 홈 위로 물방울이 들러붙게 되는 것이다.

이때 액체 방울은 표면 장력에 의해 한자리에 붙들리지만,

● ● ●

미세 유체 공학 기체나 액체의 흐름을 연구하는 유체 공학 분야 중에서도 미세 가공 기술의 발달로 초미세 유체를 다루는 학문이다.

방울이 너무 큰 경우에는 자신의 무게 때문에 표면에 붙어 있지 못하고 미끄러진다. 표면 장력과 질량의 이러한 상관관계는 앞에서 살펴보았던 물방울의 반지름과 관계가 있다. 반지름이 일정 길이보다 큰 것은 미끄러지고 작은 것은 붙어 있는 것이다. 역시 비 오는 날 창문을 관찰해 보면 그 원리를 눈으로 확인할 수 있을 것이다.

액체 방울의 운동은 고체와의 마찰 때문에 대단히 복잡해지며, 운동 속도는 현저하게 떨어진다. 예를 들어 물방울은 공기 속에서 초속 몇 미터를 이동하지만, 유리 위에서는 속도가 100배 가까이 떨어져 초속 몇 센티미터밖에 흘러내리지 않는다.

고체와의 마찰에서 생기는 점착력은 액체 방울의 속도뿐 아니라 형태에도 영향을 미친다. 흘러내리는 속도가 느릴 때는 거의 원형을 이루던 액체 방울은 속도가 빨라지면서 다음 페이지의 그림처럼 모양이 길쭉해지고 위쪽이 뾰족해진다. 초속 몇 센티미터 정도로 속도가 더 빨라지면, 위쪽에 긴 꼬리가 생기고 그 꼬리에서 작은 방울들이 떨어져 나온다. 이 현상은 2001년 프랑스의 로랑 리마° 교수 연구 팀이 발견했는데, 이때의 물방울 모양은 그림책에 주로 나오는 것과 비슷하다고 볼 수 있다.

액체 방울의 뾰족한 윗부분은 어떤 강력한 힘과 관련이 있

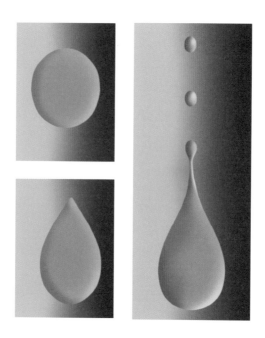

경사진 표면 위를 흘러내리는 물방울의 단계별 모양.

는 것으로 예상된다. 1970년경 영국의 유체 역학자 테일러는

아주 강력한 전기장 속에 비전도성 액체를 놓으면 윗부분이 뾰

●　●　●

로랑 리마　현재 파리의 공업 물리 · 화학 대학(ESPCI)의 교수이며, 자유 표면의
유동 현상을 전문 연구 분야로 하고 있다.

족해진다는 사실을 증명해 보였다. 전하[*]가 액체에 퍼져 전기적 반발력으로 밀어내기 때문에 액체가 넓게 퍼지는 것이다. 물방울의 질량이 어떻든 뾰족한 부분은 상대적으로 큰 표면적을 이루는데, 최대한 밀집하려고 하는 구형과는 정반대의 성격을 가지는 셈이다.

위의 실험에서 표면적에 전하가 너무 많아지면 비전도성 액체 방울은 터져 버리는 것으로 나타났다. 액체가 단 한 개의 방울로 이루어졌을 때보다는 여러 개로 나누어졌을 때 표면적이 더 넓어지기 때문이다.

최근에는 네이겔 교수 팀이 또 다른 연구 결과를 추가로 얻어 냈다. 액체 표면에서 몇 센티미터 떨어진 곳에 작은 흡입기를 설치하고, 흡입의 강도를 일정 수준 이상으로 높이면 전기장에서 관찰한 것과 흡사하게 뾰족한 모양이 형성되었다.

앞에서 살펴보았던 경사면 위의 물방울의 경우, 뾰족한 윗부분은 제한된 시간 동안에만 나타났다. 물방울의 속력이 어느 수준을 넘어서면 마찰력에 의해 뾰족한 부분이 파열되고 뺨 위

● ● ●

전하 전기를 띤 모든 형태의 입자.

에 눈물이 흐를 때처럼 긴 꼬리 같은 흔적이 나타나게 된다. 그리고 그 꼬리는 작은 방울들로 분해된다. 길게 흐른 꼬리는 넓은 표면적을 차지하므로 액체와 공기의 경계면에 있는 분자 수를 감소시키기 위해 변형을 일으키는 것이다. 그렇게 하여 긴 꼬리는 최소한의 면적을 차지하는 작은 물방울들로 대체된다. 분수대에서 위를 향해 쏘아 올린 물줄기가 방울이 되어 쏟아져 내리는 것과도 같은 이치다.

이런 원리 때문에 고체 위에 묻은 액체는 아무리 걸레질을 해도 깨끗하게 닦이지 않는다. 남아 있는 액체의 물줄기는 더 작은 물방울들로 분해되는데, 이것들은 애초의 방울보다 크기는 작지만 점성이 더 높아서 완벽히 닦아 내기가 어렵다. 한편 고체 위에 있는 액체를 부피의 변화 없이 다른 곳으로 옮기는 것도 쉬운 일이 아니다. 액체가 이동하면서 긴 꼬리를 남기도록 하면 안 되기 때문이다. 그런 흔적이 생겼다는 것은 액체의 구조가 붕괴되어 전체 부피의 일부를 상실했다는 의미가 된다.

이런 문제를 피하려면 앞에서 설명한 부착력이 거의 없는 소재를 이용해야 한다. 그렇게 할 경우, 고체로 인한 마찰은 거의 존재하지 않고 오직 공기 마찰만이 액체 방울의 속도를 제한하게 된다. 이때 액체들은 점성도에 따라 천차만별의 속도를 내며, 액체 방울의 모양은 자유 낙하를 할 때와 흡사하게 된다.

이렇게 부착력 없는 소재 위에서 액체 방울들은 미끄러진다
기보다는 데굴데굴 구르는데, 그 모습을 연속 촬영하면 아래와
같이 신기한 모습이 나타난다. 이 그림에서 액체 방울은 초속
몇 미터의 빠른 속도로 이동하며, 원심력에 의해 땅콩이나 자
동차 타이어처럼 희한한 모양을 띤다.

액체 방울이 회전하면서 튀어 오르면 위쪽 그림처럼 땅콩

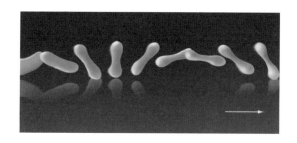

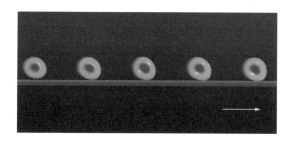

부착력이 없는 고체 위를 빠르게 이동하는 액체 방울의 모습.

모양이 되고, 잠시 구형을 취했다가 굴러가는 경우 아래쪽 그림처럼 자동차 타이어 모양이 된다. 두 경우 모두 원래의 구형과는 거리가 멀며, 일사불란하게 회전을 하지도 않는다. 이런 형태들은 액체 방울이 회전축으로부터 멀어지게 하려는 원심력과, 반대로 구형을 유지하려는 표면 장력이 동시에 작용한 결과이다.

액체가 부착력이 없는 고체 위를 지나간다는 것, 즉 부피의 손실 없이 이동한다는 것은 중요한 연구 가치가 있는 현상이다. 때문에 라플라스,* 레일리, 푸앵카레,* 찬드라세카르* 등 수많은 과학자들이 빠른 속도로 회전하는 액체 방울에 대해 연구를 계속했고, 현재는 주목할 만한 결과가 축적된 상태이다.

● ● ●

피에르 라플라스(1749~1827) 프랑스의 수학자이자 천문학자. 뉴턴의 중력 이론을 태양계에 성공적으로 적용시켜, 관측된 행성들이 이론적인 궤도에서 벗어나는 현상들을 해명했다.
앙리 푸앵카레(1854~1912) 프랑스의 수학자이자 물리학자. 위상 수학과 여러 응용 수학 분야에서 다양한 연구 업적을 남겼다.
찬드라세카르(1910~1995) 인도 출신의 미국 천문학자. 별의 안정성에 대한 연구를 통해 1983년에 노벨 물리학상을 수상했다.

3

액체 방울을
어떻게 움직일까?

액체 방울을 원하는 대로 움직일 수 있을까?

 액체 방울의 이동을 통제하는 문제는 오늘날 유체 역학을 비롯한 여러 분야에서 활발하게 연구하고 있는 주제이다. 이런 연구에서는 액체 방울의 움직임에 의도적으로 불균형을 유도해서 방울의 앞뒤에 작용하는 힘의 차이를 만들어 내는 것을 목적으로 한다. 현재까지 개발된 몇 가지 방법을 통해, 외부에서 작용하는 힘이 전혀 없는 상태에서도 운동을 발생시킬 수 있게 되었다.

 첫 번째 방법에서는 습윤성˚이 균일하지 않은 소재를 이용

● ● ●

습윤성 고체의 표면이 액체와 접촉하여 축축하게 배어드는 성질. 액체의 표면 장력이 감소함으로써 액체가 고체의 표면에 번진다.

한다. 고체 위에 부착성 있는 분자들을 배열하되, 습윤성이 강한 것에서부터 약한 것까지 다양하게 분포시키는 것이다. 여기에 액체 방울을 떨어뜨리면 액체는 습윤성이 가장 약한 부위에서 가장 강한 부위로 이동을 한다.

두 번째 방법은 온도 차를 이용하는 것이다. 온도가 높을수록 액체의 표면 장력은 줄어드는데, 이는 결국 접촉각에 변화를 가져와서 방울들이 온도가 높은 부위에서부터 낮은 부위로 이동하도록 만든다.

세 번째 방법은 액체 방울이 닿을 고체 내부에 전극들을 투입하는 것이다. 액체의 특정한 쪽에 전류를 발생시키면 전기장이 생성되고 접촉각에 변화가 생겨 방울이 일정한 방향으로 전진하게 된다.

여러 방법들 중 가장 재미있는 것은 1990년대 두 명의 화학자 베인*과 옹다르쉬위*가 고안한 '물방울 늘어뜨리기' 라는 것이다. 이 방법을 쓰려면 특정 고체와 결합하려는 성분을 지

● ● ●

콜 베인 옥스포드 사이언스 파크의 감독으로 재직하다가 최근 영국 더햄 대학교의 화학과 교수로 전직했다. 표피의 미시 조직과 분자 구조를 주로 연구하고 있다.
티에리 옹다르쉬위(1966~) 프랑스 특수 과학 국립 센터 내의 물질 가공 및 구조 연구소에 재직 중이다.

액체 방울에 직접 힘을 가하지 않고도 움직일 수 있는 다양한 방법들이 개발되었다.

닌 액체가 필요하다. 이런 성분이 일종의 연료와도 같은 역할을 하는 것이다.

이 액체 방울을 고체 위에 올려놓으면 특정 부위에서 결합이 시작되고, 결합으로 인해 건조하게 변한 부분과 아직 반응이 일어나지 않아서 습한 부분 사이에 불균형이 일어난다. 그러면 액체 방울은 고체 표면 위에 스스로 만들어 놓은 건조한 부분을 피해서 운동을 시작하는 것이다. 이때 액체 방울의 운동은 일정한 방향으로 일어나지 않는다. 뒤로는 자신이 지나온 흔적을 피하고 앞으로는 또 다른 장애물에 부딪치며 행로를 변경하게 된다.

좀 더 일관성 있는 움직임을 얻기 위해서는 액체와 친화력이 있는 화학 성분을 고체 위에 가느다란 띠처럼 뿌려서 길을 만들어 두면 된다.(띠의 두께는 분자 단위로 조절해야 한다.) 이렇게 하면 액체 방울이 길 밖으로 이탈했다가도 즉각 되돌아오게 된다. 이런 화학 띠를 이용하면 마치 수로처럼 액체가 그 위를 계속해서 흐르도록 만들 수도 있다.

다음 페이지의 그림은 100마이크로미터 정도의 친수성 띠를 일정한 간격을 두고 평행하게 설치한 다음, 물이 그 위를 흐르도록 만든 모습이다. 물의 대부분이 친수성 띠 위로 모여 흐르는 것을 확인할 수 있다. 띠가 수용할 수 있는 것보다 물의

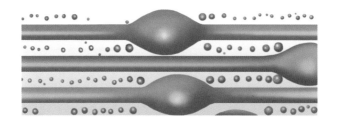

물방울이 번갈아 놓인 친수성 띠 위를 흐르는 모습.

양이 조금 더 많더라도 수로는 터지지 않는다. 그림에서 보여 주듯 띠의 일부가 양파처럼 동그랗게 부풀어 올라서 초과량을 받아들이기 때문에 액체는 극히 소량만 흘러넘칠 뿐 밖으로 터져 나가지는 않는다.

액체 방울의 운동을 어떻게 활용할까?

액체 방울은 고슴도치와도 비슷하다. 특별한 상황을 만나면 고슴도치가 가시를 세우듯 몸을 뾰족하게 만들기 때문이다. 평소에는 자기의 면적을 최대한 작게 만들기 위해서 구형을 유지하다가도 강력한 제약이 가해지면 형태를 놀랍게 변형시킨다. 전체적인 자극을 받으면 중량 또는 원심력에 의해 모양도 전체적으로 변형되며, 일부에 집중적으로 자극을 받으면 뾰족한 형태를 취한다.

이 같은 현상에 대해서는 좀 더 넓은 의미에서 고찰해 볼 필요가 있다. 혼합* 또는 분산* 현상, 중합체 용액,* 젤,* 등 물질의 다양한 상태들이 연구의 소재가 되고 있으며 최근에는 연성 물질*이라고 불리는 좀 더 폭넓은 분야까지 포괄하게 되었다. 이러한 연구는 특히 실용화 가능성이 크기 때문에 주목을 받고 있으며, 여러 기업에서 이에 관한 연구를 진행하고 있기도 하다.

액체 방울의 활용 분야는 실로 무궁무진하다. 특별한 방수 소재를 개발하거나 화장품의 피부 흡수율을 높일 수도 있고, 잉크젯 프린터의 성능을 향상시킬 수도 있으며, 전자 제품 내부의 미세 용접에 이용할 수도 있다. 그러므로 작은 액체 방울

● ● ●

혼합 두 가지 이상의 물질이 화학적인 결합을 하지 않고 섞이는 것을 뜻한다.
분산 서로 섞이지 않는 두 가지 물질 중 하나가 미립자 상태로 다른 물질 속에 균일하게 존재하는 현상을 말한다.
중합체 용액 동일 분자가 두 개 이상 결합하여 분자량이 큰 화합물로 생성된 용액을 말한다.
젤 용액 속의 콜로이드 입자가 유동성을 잃고 약간의 탄성과 견고성을 지닌 고체나 반고체 상태로 굳어진 물질. 한천, 젤라틴, 두부 등에서 볼 수 있다.
연성 물질 부드러운 성질을 띤 물질이라는 뜻이며 생체 물질, 고분자, 액정, 콜로이드 등을 포함한다.

의 움직임을 연구하는 것이 우리의 일상과 상관없는 특수한 분야라고 치부할 수는 없을 것이다.

더 읽어 볼 책들

- 이승준, 『역사로 배우는 유체역학』(인터비전, 1999).

- 요네야마 마사노부, 홍성민 옮김, 『물의 세계』(이지북, 2002).

논술·구술 시험은 논리적이고 종합적인 사고를 요구한다. 다음에 제시된 문제는 이 책의 주제와 연관이 있는 논술·구술 기출 문제이다. 이 책을 통하여 습득한 과학적 지식과 원리, 입체적이고 논리적인 접근 방식을 활용하여 스스로 문제에 답해 보자.

▶ 일반적으로 빗방울을 표현할 때 눈물 모양으로 표현을 한다. 그러나 실제 공기 중에 떨어지는 빗방울의 모양은 눈물 모양이 아니라 원형 또는 찐빵 모양을 갖는다. 그 이유를 설명하시오.

▶ 빗방울이 중력에 의해 떨어지면 가속이 되어야 하는데 왜 일정한 속력으로 내려오는지 작용하는 힘에 관련하여 설명하라.

▶ 물의 쓰임새와 특성에 대해 아는 대로 설명하라.

옮긴이 | 이수지

숙명여대 불문과 재학 중 프랑스로 유학, 파리 5대학에서 언어학 박사 과정을 수료했다. 현재 전문 번역가로 활동 중이다.

민음 바칼로레아 47

액체도 모양이 있을까?

2판 1쇄 펴냄 2021년 3월 30일
2판 5쇄 펴냄 2024년 8월 8일

1판 1쇄 펴냄 2006년 9월 25일

지은이 | 다비드 케레
감수자 | 곽영직
옮긴이 | 이수지
발행인 | 박근섭
펴낸곳 | ㈜민음인

출판등록 | 2009. 10. 8 (제2009-000273호)
주소 | 06027 서울 강남구 도산대로 1길 62 강남출판문화센터 5층
전화 | 영업부 515-2000 **편집부** 3446-8774 **팩시밀리** 515-2007
홈페이지 | minumin.minumsa.com

도서 파본 등의 이유로 반송이 필요할 경우에는 구매처에서 교환하시고
출판사 교환이 필요할 경우에는 아래 주소로 반송 사유를 적어 도서와 함께 보내주세요.
06027 서울 강남구 도산대로 1길 62 강남출판문화센터 6층 민음인 마케팅부

한국어판 © (주)민음인, 2006. Printed in Seoul, Korea
ISBN 979 11-5888-809-1 04000
ISBN 979 11-5888-823-7 04000(set)

㈜민음인은 민음사 출판 그룹의 자회사입니다.